D0993391

LE PETIT LIVRE BLEU DU
BLEUET

JENNY DE JONQUIÈRES

LE PETIT LIVRE BLEU DU
BLEUET

AMÉRIK
MÉDIA

Catalogage avant publication de Bibliothèque et Archives nationales du Québec et Bibliothèque et Archives Canada

Jonquières, Jenny de, 1983-

Le petit livre bleu du bleuet

Comprend des réf. bibliogr.

ISBN 978-2-923543-12-3

1. Cuisine (Bleuets). 2. Bleuets. I. Titre.

TX813.B5J66 2009   641.6'4737   C2009-940836-8

AMÉRIK MÉDIA
3523, rue Gertrude
Verdun, (Québec) H4G 1R4
Téléphone : 514 652-5950
Télécopieur : 514 504-6290
www.amerik-media.com

Distribution : ÉDIPRESSE
945, avenue Beaumont
Montréal, (Québec) H3N 1W3
Téléphone : 514 273-6141
Sans frais : 1 800 361-1043
Télécopieur : 514 273-7021

Édition : Julien Brault
Photos alimentaires : Jenny de Jonquières
Autres photos : Shutterstock.com et Photos.com
Mise en pages et conception de la couverture : Roger Des Roches
Révision : Hélène Paraire

Dépôt légal : 2009
Bibliothèque et Archives nationales du Québec
Bibliothèque et Archives Canada

Le bleuet a enfin son livre ! Sous ses grands airs et du haut de sa petite couronne, le bleuet cache une douceur et une joie de vivre intense. De tous les petits fruits, on lui attribuerait volontiers la médaille d'or. Parce qu'il est unique, notamment par son goût et ses bienfaits sur la santé, le bleuet mérite qu'on parle de lui et qu'on le cuisine.

Le bleuet peut être cuisiné à toutes les sauces. Il s'entend aussi bien avec les fruits qu'avec le chocolat. Il aime aussi fricoter avec les produits laitiers, flirter avec le gibier ou tout simplement languir dans une sauce... Bref, il s'accommode à un grand nombre de produits et de cuissons.

Le petit livre bleu du bleuet plaira aussi bien à ceux qui attendent chaque année avec impatience la saison des bleuets qu'aux friands de la tarte aux bleuets de leur grand-mère.

Bonne lecture et, surtout, bonne dégustation !

GÂTEAUX, PAINS
ET MUFFINS

Cake citronné aux bleuets

Temps de préparation : 10 minutes
Temps de cuisson : 1 heure

Ingrédients

- 200 g (7 oz) de farine
- 3 g (1 1/4 c. à thé) de poudre à lever
- 80 ml (1/3 de tasse) de beurre
- 250 ml (1 tasse) de sucre
- 125 ml (1/2 tasse) de lait
- 250 ml (1 tasse) de bleuets
- 4 g (1/8 c. à thé) de sel
- 2 œufs
- Jus d'un citron

Préparation

Mélangez dans un bol la farine, la poudre à lever et le sel.

Avec le fouet électrique, mélangez le beurre avec le sucre.
Ajoutez progressivement les œufs en mélangeant bien.

Versez le mélange de farine à la préparation précédente, puis
ajoutez le lait et le jus de citron. Mélangez bien le tout pour
obtenir un résultat homogène.

Ajoutez les bleuets en veillant à ne pas les écraser.

Mettez le tout dans un moule antiadhésif ou beurré. Placez le moule dans le four, préalablement chauffé à 160 °C (325 °F), durant environ une heure. Surveillez la cuisson en piquant le cake avec la pointe du couteau.

Laissez refroidir avant de déguster.

Cake citronné aux bleuets

13

Clafoutis aux bleuets

Temps de préparation : 10 minutes
Temps de cuisson : 30 minutes

Ingrédients pour 8 portions

- 100 g (3 1/2 oz) de farine
- 65 ml (1/4 de tasse) de sucre
- 500 ml (2 tasses) de bleuets frais
- 30 ml (1/8 de tasse) de beurre
- 4 œufs
- 200 ml (7/8 de tasse) de lait
- 5 ml (1 c. à thé) d'extrait de vanille
- 1 pincée de sel

Préparation

Préchauffez le four à 200 °C (400 °F).

Faites fondre le beurre au four à micro-ondes.

Dans un bol, mélangez la farine, le sucre et le sel. Incorporez petit à petit les œufs, puis le lait et la vanille. Mélangez le tout et ajoutez le beurre fondu.

Clafoutis aux bleuets

Répartissez les bleuets dans un moule beurré, puis versez la préparation.

Faites cuire durant 30 minutes.

Croustade aux bleuets
et aux pommes

Temps de préparation : 20 minutes
Temps de cuisson : 35 à 40 minutes

Ingrédients pour 8 portions

- 100 g (3 1/2 oz) de flocons d'avoine
- 60 g (2 oz) de farine
- 125 ml (1/2 tasse) de sucre roux
- 5 ml (1 c. à thé) de cannelle moulue
- 30 g (1 oz) de noix de Grenoble hachées
- 60 ml (1/4 tasse) de beurre coupé en morceaux
- 500 ml (2 tasses) de bleuets congelés
- 5 pommes pelées et coupées en dés

Préparation

Préchauffez le four à 190 °C (375 °F). Graissez légèrement un plat de cuisson de 2 litres.

Dans un bol moyen, mélangez l'avoine, les 3/4 de la farine, la moitié du sucre, la cannelle et le beurre. Ensuite, ajoutez les noix.

Dans un autre bol, mélangez les bleuets, les pommes, le reste de la farine et le reste du sucre.

Versez la préparation de fruits dans le fond d'un plat beurré ou antiadhésif. Ajoutez le mélange de farine et d'avoine dessus.

Mettez le plat au four préalablement chauffé à 150 °C (300 °F) et laissez cuire de 35 à 40 minutes ou jusqu'à ce que le dessus soit bien doré. Servez chaud.

Croustade aux bleuets et aux pommes

Muffins au citron et bleuets

Temps de préparation : 10 minutes

Temps de cuisson : 20 à 25 minutes

Ingrédients pour 12 muffins

- 115 g (4 oz) de farine
- 145 g (5 oz) de farine de blé entier
- 190 ml (3/4 tasse) de cassonade
- 250 ml (1 tasse) de lait de beurre
- 65 ml (1/4 tasse) de margarine
- 5 ml (1 c. à thé) de poudre à lever
- 2 ml (1/2 c. à thé) de bicarbonate de soude
- 1 ml (1/4 c. à thé) de sel
- 250 ml (1 tasse) de bleuets
- 1 œuf
- 1 citron pour son jus et son zeste

Préparation

Dans un récipient, mélangez les farines, la cassonade, la poudre à lever, le bicarbonate de soude et le sel.

Ajoutez l'œuf et la margarine fondue, puis le lait de beurre et le zeste de citron. Mélangez.

Muffins au citron et bleuets

Finissez en versant le jus de citron et les bleuets.

Répartissez la préparation dans 12 moules à muffins et cuisez à 150 °C (300 °F) de 20 à 25 minutes. Placez les muffins sur une grille pour les laisser refroidir.

Muffins aux pommes et aux bleuets

Temps de préparation : 15 minutes
Temps de cuisson : 20 à 25 minutes

Ingrédients pour 12 muffins

- 450 g (16 oz) de farine complète
- 15 ml (1 c. à soupe) de poudre à lever
- 85 ml (1/3 de tasse) de sucre
- 85 ml (1/3 de tasse) de beurre
- 225 ml (pas tout à fait 1 tasse) de lait de beurre
- 3 œufs
- 5 ml (1 c. à thé) de sel
- 250 ml (1 tasse) de bleuets
- 2 pommes épluchées et coupées en petits morceaux

Préparation

Préchauffez le four à 180 °C (350 °F).

Dans un bol, battez le beurre afin de le ramollir.

Ajoutez les œufs et le lait de beurre, puis mélangez. Ajoutez ensuite la farine, la poudre à lever, le sucre et le sel.

Ne mélangez pas trop afin d'éviter que les muffins ne soient trop durs.

Versez ensuite les bleuets et les pommes. Si vous utilisez des bleuets congelés, passez-les dans la farine pour éviter que le jus ne s'échappe durant la cuisson.

Versez la préparation dans les moules. Vérifiez la cuisson en piquant un muffin avec un cure-dents. Laissez les muffins reposer à la sortie du four.

Muffins aux pommes et aux bleuets

Pouding au pain aux bleuets

Temps de préparation : 15 minutes

Temps de cuisson : 20 à 30 minutes

Ingrédients pour 5 à 6 portions

- 1 L (4 tasses) de pain coupé en morceaux
- 125 ml (1/2 tasse) de beurre
- 100 g (3 1/2 oz) de cassonade
- 60 ml (1/4 tasse) de sucre
- 500 ml (2 tasses) de bleuets
- 5 ml (1 c. à thé) de cannelle
- 1 œuf

Préparation

Dans un bol, mélangez le pain coupé en petits morceaux avec le sucre, l'œuf et la cannelle. Faites fondre le beurre et intégrez-le à la préparation.

Mélangez les bleuets avec la cassonade dans un autre récipient.

Dans un plat de votre choix, disposez le pain en alternance avec les fruits. Terminez par une couche de bleuets.

Mettez le plat au four durant 20 à 30 min à 180 °C (350 °F).

Pouding au pain aux bleuets

QU'EST-CE QUE LE BLEUET?

QU'EST-CE QUE LE BLEUET?

L e bleuet fait partie de la grande famille des airelles, qui regroupe notamment la canneberge et la myrtille. La chair du bleuet, qui est sucrée et juteuse, contient de très petites graines. À ses deux extrémités, on retrouve le pédoncule et une petite « dentelle ». La couche cireuse et poudreuse qui recouvre le bleuet est appelée « pruine ».

Le bleuet pousse sur un arbrisseau de la famille des vacciniums : le bleuetier. Outre sa célèbre baie, la plante produit une fleur en forme de clochette blanche ou rosée, qui est légèrement verte à la base. Deux types de bleuetiers existent au Québec : le bleuetier nain, qu'on appelle aussi « sauvage », et le bleuetier géant, qu'on appelle également « en corymbe ». Le bleuetier nain, qui mesure moins de 30 centimètres, pousse naturellement dans plusieurs régions, entre autres dans les provinces maritimes et dans le bas Bas-Saint-Laurent. Le bleuet nain, plus sucré et plus savoureux que le bleuet géant, mesure de 6 à 10 millimètres de diamètre. Le bleuetier géant, quant à lui, pousse plus au sud, notamment au Mexique, aux États-Unis et dans le sud du Québec. Il peut atteindre jusqu'à cinq mètres de hauteur. Il donne des fruits plus gros que son cousin nordique, son fruit pouvant mesurer 15 millimètres de diamètre.

Il existe plus d'une trentaine d'espèces de bleuets, dont les plus répandues sont l'airelle à feuille étroite, l'airelle fausse myrtille et l'airelle en corymbe. Les bleuets croissent pour la plupart à l'état sauvage, c'est-à-dire dans les bois, les savanes et sur certains massifs rocheux. On peut aussi retrouver la baie bleue dans les sols de la forêt boréale qui ont été ravagés par le feu.

Le saviez-vous ?

- Originaire d'Amérique du Nord, le bleuet a son équivalent en Europe et en Asie sous le nom de myrtille sauvage. Cependant, la myrtille sauvage provient d'une espèce d'airelle différente.
- Le bleuet en corymbe (type géant) a sa place sur le marché au Québec. Aujourd'hui, il est vendu à l'épicerie tous les mois de l'année. Il est cultivé au Québec en été, mais aussi tout au long de l'année par des pays exportateurs comme le Mexique, le Chili et les États-Unis.
- L'importance du bleuet est tellement grande au Lac-Saint-Jean, que ses habitants sont surnommés «bleuets»! La municipalité de Dolbeau-Mistassini est d'ailleurs reconnue comme la capitale mondiale du bleuet.

BISCUITS, BARRES ET CARRÉS

Barres à la marmelade de bleuets

Temps de préparation : 20 minutes
Temps de cuisson : 1 heure au total

Ingrédients

Barres
- 170 g (6 oz) de farine
- 200 g (7 oz) de flocons d'avoine
- 250 g (9 oz) de cassonade
- 180 ml (3/4 de tasse) de beurre
- 5 ml (1 c. à thé) de poudre à lever

Marmelade
- 1 L (4 tasses) de bleuets surgelés
- 375 ml (1 1/2 tasse) de sucre
- 80 ml (1/3 de tasse) d'eau

Préparation

Marmelade
Dans une casserole, mettez tous les ingrédients ensemble et faites-les cuire à feu doux durant 30 minutes.

Mettez au frais quelques heures avant d'utiliser la marmelade dans les barres.

Barres

Préchauffez le four à 180 °C (350 °F).

Beurrez un moule rectangulaire.

Dans un bol, mélangez les flocons d'avoine, la farine, la cassonade et la poudre à lever ensemble.

Ajoutez le beurre coupé en morceaux et incorporez.

Montage

Étalez les 3/4 du mélange dans le plat. Aplatissez bien le mélange dans le fond du plat.

Versez ensuite la préparation aux bleuets, puis recouvrez avec le reste du mélange de flocons d'avoine.

Faites cuire durant 30 minutes au four, puis découpez les barres à la sortie du four.

Barres à la marmelade de bleuets

Biscuits moelleux aux bleuets

Temps de préparation : 40 minutes
Temps de cuisson : 25 minutes

Ingrédients pour environ 20 biscuits

- 250 ml (1 tasse) de sucre
- 125 ml (1/2 de tasse) de beurre
- 65 ml (1/4 de tasse) de babeurre
- 3 ml (1/2 c. à thé) de vanille liquide
- 230 g (2 tasses) de farine
- 1 ml (1/4 de c. à thé) de bicarbonate de soude
- 3 ml (1/2 c. à thé) de sel
- 10 ml (2 c. à thé) de poudre à lever
- 250 ml (1 tasse) de bleuets frais ou congelés
- 1 œuf
- 1 pincée de cannelle en poudre

Préparation

Dans un grand bol, mélangez le beurre et le sucre jusqu'à ce que le mélange soit lisse. Ajoutez ensuite l'œuf, puis l'essence de vanille et la cannelle, puis mélangez.

Tamisez la farine, le bicarbonate, le sel et la poudre à lever.

Biscuits moelleux aux bleuets

Ajoutez la moitié du mélange de farine à la préparation de beurre et mélangez.

Versez petit à petit le babeurre et, finalement, le reste du mélange de farine, tout en continuant de remuer.

Ajoutez les bleuets sans trop mélanger et placez le tout une heure au frais, afin que le mélange durcisse.

Façonnez des boules que vous déposerez sur une plaque à biscuits beurrée ou antiadhésive.

Mettez au four préalablement chauffé à 375 °F (190 °C) durant 12 à 15 minutes.

Laissez reposer à la sortie du four.

Biscuits sablés à la confiture de bleuets

Temps de préparation : 20 minutes
Temps de cuisson : 10 à 12 minutes

Ingrédients pour 20 biscuits environ

- 170 g (6 oz) de farine tout usage
- 4 ml (1/4 de c. à soupe) de poudre à lever
- 4 ml (1/4 de c. à soupe) de bicarbonate de soude
- 125 ml (1/2 tasse) de beurre non salé à température ambiante
- 70 g (2 1/2 oz) de sucre à glacer
- 45 g (1 1/2 oz) de fromage blanc ou de fromage ricotta
- 5 ml (1 c. à thé) d'extrait de vanille
- 5 ml (1 c. à thé) de zeste de citron
- 30 ml (2 c. à soupe) de confiture de bleuets
- 1 pincée de sel
- 1 jaune d'œuf

Préparation

Dans un grand bol, fouettez le beurre, le sucre à glacer et le jaune d'œuf au batteur électrique jusqu'à ce que le mélange devienne lisse.

Ajoutez la vanille, le citron et le fromage blanc, puis mélangez.

Dans un autre bol, mélangez la farine, la poudre à lever, le bicarbonate et le sel.

Versez le tout dans le mélange de beurre et mélangez jusqu'à ce qu'une pâte se forme.

Laissez reposer quelques minutes.

Préchauffez le four à 180 °C (350 °F). Tapissez une plaque à pâtisserie de papier à cuisson.

Façonnez des boules de 15 g environ et aplatissez légèrement chacune d'entre elles pour former un disque.

Avec votre pouce, faites un léger creux dans les biscuits et versez-y une petite quantité de confiture.

Cuisez les biscuits de 10 à 12 minutes ou jusqu'à ce qu'ils soient légèrement dorés.

Laissez-les tiédir quelques minutes avant de les retirer de la plaque. Conservez-les dans une boîte fermée.

Biscuits sablés à la confiture de bleuets

Carrés aux amandes et aux bleuets

Temps de préparation : 20 minutes
Temps de cuisson : 45 minutes au total

Ingrédients

Biscuit aux amandes
- 90 ml (6 c. à soupe) de beurre ramolli
- 30 g (1 oz) de poudre d'amandes
- 115 g (4 oz) de farine
- 1 ml (1/4 c. à thé) de sel
- 65 ml (1/4 de tasse) de sucre

Préparation aux bleuets
- 1 litre (4 tasses) de bleuets (frais ou surgelés)
- 250 ml (1 tasse) de sucre
- 60 ml (4 c. à soupe) de beurre ramolli
- 1 pincée de sel
- 4 œufs

Préparation

Biscuit aux amandes
Dans un récipient, mélangez le beurre, le sucre, la farine, la poudre d'amandes et le sel.

Carrés aux amandes et aux bleuets

Travaillez la pâte avec vos mains pour rendre la préparation sablonneuse.

Versez le mélange dans le fond d'un moule antiadhésif carré et aplatissez pour répartir la préparation de façon homogène.

Mettez au four à 160 °C (315 °F), jusqu'à ce que le biscuit aux amandes soit doré (environ 15 minutes).

Préparation aux bleuets
Passez les bleuets au mélangeur et versez leur jus dans une casserole avec les œufs fouettés, le sucre et une pincée de sel.

Cuisez à feu doux sans arrêter de mélanger. Dès que la préparation devient tiède, ajoutez le beurre progressivement, tout en continuant de remuer.

Attendez que le beurre soit bien incorporé et que la préparation s'épaississe pour retirer du feu. Veillez à ne jamais faire bouillir la préparation.

Laissez refroidir quelques instants et versez la préparation sur toute la surface du sablé.

Mettez au four de 25 à 30 minutes environ. Laissez refroidir et réfrigérez jusqu'à ce que le refroidissement soit complet. Coupez en carrés, puis servez.

Brève histoire du bleuet

Le bleuet est une espèce indigène du Canada. Bien avant le débarquement des premiers colons, la petite baie florissait sur nos terres. Certains botanistes estiment que l'existence du bleuet remonte à 13 000 ans.

À l'arrivée des Européens, les Amérindiens s'en régalaient déjà. D'hier à aujourd'hui, nombreuses ont été les habitudes de consommations reliées au bleuet. Les Inuits le mangeaient avec des framboises et de la glace. Plus au sud, les Autochtones apprêtaient le bleuet à toutes les sauces : ils le faisaient bouillir avec du maïs ou de la graisse d'orignal et s'en servaient pour assaisonner la viande et les soupes. Toutefois, c'est surtout sous forme de pâte de fruits, de jus, de même que frais ou séché au soleil que les Autochtones consommaient le bleuet.

De nos jours, on utilise le bleuet principalement dans la confection de gâteaux, de muffins, de tartes, de confitures et d'apéritifs. Les Autochtones n'ont pas pour autant perdu leurs traditions. Encore aujourd'hui, ils préparent les bleuets sous forme de pâte, qu'ils laissent cuire plusieurs heures dans un chaudron. Les Inuits, quant à eux, les consomment encore avec de la graisse de phoque, du sucre ou des œufs de poissons.

Le saviez-vous ?

- Les Amérindiens auraient servi un repas composé de bleuets sauvages et de viande à Meriwether Lewis et William Clark, lors de leur expédition à travers les États-Unis de 1804 à 1806.

Tarte aux bleuets

Temps de préparation : 15 minutes
Temps de cuisson : 40 minutes

Ingrédients

Pâte brisée

- 250 g (9 oz) de farine
- 125 g (4 1/2 oz) de beurre
- 1 pincée de sel
- 1 pincée de sucre
- 1 jaune d'œuf (facultatif)
- Eau

Garniture

- 30 g (1 oz) de farine
- 115 g (4 oz) de sucre
- 4 tasses de bleuets frais si possible
- 60 ml (6 c. à soupe) de beurre

Préparation

Pâte brisée

Étalez la farine, le sel et le sucre sur votre plan de travail. Disposez le beurre dessus et écrasez-le avec la farine.

Lorsque le beurre est bien intégré à la farine, faites une fontaine et délayez le jaune d'œuf avec un peu d'eau. Mélangez petit à petit.

Fraisez la pâte. Pour cela, poussez devant vous la pâte avec la paume de la main. Procédez plusieurs fois avec différentes parties. Le fraisage permet de bien incorporer le beurre à la pâte.

Rassemblez le tout en une boule. La pâte doit être lisse et douce. Mettez la pâte durant environ 15 minutes au réfrigérateur.

Avec le rouleau à pâtisserie, étalez la pâte et placez-la dans un moule. Piquez le fond avec une fourchette.
Veillez à garder assez de pâte pour recouvrir la tarte.

Disposez ensuite les bleuets dans le fond de tarte.

Garniture et montage
Dans un récipient, mélangez la farine et le sucre, puis étalez le tout sur les bleuets. Ajoutez le beurre par-dessus.

Recouvrez la tarte d'une couche de pâte et percez-la pour que la vapeur puisse s'échapper lors de la cuisson. Vous pouvez aussi couper votre pâte en plusieurs bandes, puis entrecroiser ces dernières de manière à recouvrir la tarte.

Mettez au four à 200 °C (400 °F) pour environ 40 minutes. Laissez refroidir à la sortie du four.

Tarte aux bleuets

Tarte française aux bleuets et à la croûte chocolatée

Temps de préparation : 40 minutes
Temps de cuisson : 25 minutes au total

Ingrédients

- 250 ml (1 tasse) de bleuets frais

Pâte sablée au chocolat
- 250 g (9 oz) de farine
- 40 g (1 1/2 oz) de cacao
- 125 ml (1/2 tasse) de sucre
- 125 ml (1/2 tasse) de beurre
- 1 œuf
- 1 pincée de sel

Crème pâtissière
- 250 ml (1 tasse) de lait
- 2 jaunes d'œufs
- 40 ml (2 3/4 c. à soupe) de sucre
- 5 ml (1 c. à thé) d'extrait de vanille
- 15 g (1/2 oz) de farine
- 15 g (1/2 oz) de fécule de maïs

Tarte française aux bleuets et à la croûte chocolatée

Préparation

Pâte sablée au chocolat
Mélangez la farine, le cacao, le sucre et le sel ensemble.

Ajoutez le beurre et mélangez jusqu'à ce qu'il soit bien incorporé, puis incorporez l'œuf.

Formez une boule et enveloppez-la dans un film plastique. Mettez 30 minutes au réfrigérateur.

Dès que la pâte est refroidie, étalez-la avec le rouleau et placez-la ensuite dans un moule à tarte antiadhésif. Piquez le fond de tarte avec une fourchette et enfournez 15 minutes à 180 °C (350 °F) tout en surveillant la cuisson.

Crème pâtissière
Mettez le lait à chauffer avec l'extrait de vanille.

Mélangez les jaunes d'œufs avec le sucre jusqu'à rendre le mélange blanc.

Ajoutez ensuite la farine et la fécule de maïs progressivement et fouettez le tout jusqu'à ce que la préparation soit lisse.

Versez une bonne partie du lait chaud sur la pâte et fouettez. Reversez ensuite la préparation dans la casserole de lait et portez à ébullition à feu doux, tout en continuant de remuer. Il est important de ne pas cesser de mélanger, car sinon, la préparation risque de coller au fond de la casserole.

Retirez la crème du feu dès qu'elle épaissit et commence à bouillir.

Versez la crème pâtissière dans un récipient et badigeon-nez-la légèrement de beurre pour éviter que des croûtes ne se forment. Recouvrez d'un film plastique et placez le tout au frais.

Montage
Avec une spatule en plastique, garnissez le fond de tarte. Placez ensuite les bleuets frais. Vous pouvez recourir à un nappage pour maintenir les bleuets ensemble si vous le souhaitez.

Tartelette aux bleuets
et aux amandes

Temps de préparation : 40 minutes
Temps de cuisson : 25 minutes

Ingrédients

- 250 ml (1 tasse) de bleuets

Pâte brisée
- 250 g (9 oz) de farine
- 125 g (4 1/2 oz) de beurre
- 1 pincée de sel
- 1 pincée de sucre
- 1 jaune d'œuf (facultatif)
- Eau

Crème d'amandes
- 100 g (3 1/2 oz) de sucre
- 100 g (3 1/2 oz) de poudre d'amandes
- 50 g (1 3/4 oz) de beurre
- 2 œufs
- Rhum ou arome (facultatif)

*Tartelette
aux bleuets
et aux amandes*

Préparation

Pâte brisée
Étalez la farine, le sel et le sucre sur votre plan de travail. Disposez le beurre dessus et écrasez-le avec la farine.

Lorsque le beurre est bien intégré à la farine, faites une fontaine et délayez le jaune d'œuf avec un peu d'eau. Mélangez petit à petit.

Fraisez la pâte. Pour cela, poussez devant vous la pâte avec la paume de la main. Procédez plusieurs fois avec différentes parties. Le fraisage permet de bien incorporer le beurre à la pâte.

Rassemblez le tout en une boule. La pâte doit être lisse et douce. Placez la pâte au réfrigérateur durant environ 15 minutes.

Étalez la pâte avec votre rouleau à pâtisserie, et placez-la dans des moules à tartelettes. Piquez le fond avec une fourchette.

Crème d'amandes
Avec le batteur électrique, mélangez le beurre, le sucre, la poudre d'amandes et les œufs.

Montage

Remplissez le fond des tartelettes avec la crème d'amandes. Disposez les bleuets sur la crème en les enfonçant légèrement.

Mettez les moules sur une grille ou une plaque allant au four et faites cuire 25 minutes à 180 °C (350 °F).

L a culture du bleuet est très récente, puisque celle-ci a seulement débuté à la fin du XIXe siècle. Aujourd'hui, la Nouvelle-Écosse est le plus grand producteur de bleuets au Canada, juste devant le Québec. C'est au Saguenay-Lac-Saint-Jean que l'on retrouve la plus importante production de bleuets au Québec, suivie de la Basse-Côte-Nord.

Le bleuet pousse bien au soleil, mais il se développe aussi très bien dans les sous-bois, là où la lumière est moindre. Il peut croître dans un sol humide, ce qui donnera de plus gros bleuets, autant que dans un sol tourbeux, sablonneux ou encore très acide. Le bleuet prospère particulièrement lorsqu'il pousse dans une forêt détruite par le feu. En règle générale, il faut attendre deux ans après un incendie pour que les bleuets puissent s'épanouir.

Le bleuet, on ne le soupçonnerait pas, est très vulnérable aux froids rigoureux. En effet, sa tige est fragile à cause de sa petite taille. Elle ne survit pas bien au gel. Ironiquement, c'est grâce à la neige que le bleuetier est protégé du vent pendant l'hiver. La tige du bleuetier doit être recouverte de neige pour que ce dernier puisse assurer une production adéquate à long terme. Plusieurs autres facteurs climatiques peuvent nuire à la production du bleuet, dont l'arbrisseau est très sensible aux variations de température et au taux d'humidité.

L'arbrisseau du bleuet sauvage connaît la floraison à partir de la fin du mois de mai et durant le mois de juin. Au mois de juillet, le fruit commence à gonfler. Il change vite de couleur, passant du rose au rouge vif, puis au bleu. La baie atteint finalement la maturité au début du mois d'août. En forêt, la cueillette se fait grâce à un râteau spécial, tandis que dans les bleuetières, les fruits sont cueillis par des moyens mécaniques ou semi-mécaniques. Les bleuets mûrs sont récoltés rapidement, de préférence le matin, afin de donner aux autres fruits l'espace nécessaire pour arriver à maturation.

Le saviez-vous ?

- La Nouvelle-Écosse vend ses bleuets sauvages dans plus de 20 pays à travers le monde. Le petit fruit est devenu tellement populaire dans la région, que le 11 janvier 1996, une loi passée par l'Assemblée législative de la province a fait du bleuet sauvage le fruit emblématique de la Nouvelle-Écosse.

- En 2006, la production de bleuets sauvages du Québec s'élevait à 70 millions de livres, dont un demi-million provenait de l'Abitibi-Témiscamingue, 3,5 millions de la Côte-Nord et 66,5 millions du Saguenay-Lac-Saint-Jean. Parmi ces 70 millions de livres de bleuets, 55 millions proviennent de bleuetières de culture et 15 millions de récoltes en forêt.

PÂTISSERIES

Choux Chantilly aux bleuets

Temps de préparation : 25 minutes
Temps de cuisson : 25 minutes

Ingrédients

- 125 ml (1/2 tasse) de bleuets frais

Pâte à choux
- 60 ml (4 c. à soupe) de beurre en morceaux
- 125 g (4 1/2 oz) de farine
- 250 ml (1 tasse) d'eau
- 3 à 4 œufs
- 1 pincée de sel

Crème Chantilly
- 500 ml (2 tasses) de crème 35 %, liquide
- 100 g (3 1/2 oz) de sucre à glacer

Préparation

Pâte à choux
Dans une casserole, portez à ébullition l'eau, le sel et les morceaux de beurre.

Hors du feu, incorporez la farine en une seule fois et mélangez jusqu'à ce qu'elle soit bien intégrée.

Remettez la casserole sur le feu afin de dessécher la pâte. Pour cela, travaillez-la avec une spatule en bois.

Mettez la pâte dans un bol et incorporez trois œufs l'un après l'autre, tout en remuant. Après chaque œuf, la préparation se divise, donnant l'impression que l'œuf n'adhère pas à la pâte. Il faut simplement continuer à mélanger.

La préparation doit être homogène. Si, en retirant la spatule de la préparation, vous remarquez qu'une pointe se forme, vous saurez que la préparation est prête. Le quatrième œuf peut vous servir si vous pensez que trois œufs ne suffisent pas à votre préparation.

Versez la pâte ainsi obtenue dans une poche et dressez ensuite les choux sur une plaque à pâtisserie. Faites de petites boules que vous disposerez en quinconce sur la plaque. Vous pouvez utiliser le dos d'une fourchette trempée dans l'eau pour effacer la pointe que vous aurez laissée avec la poche.

Enfournez à 200 °C (400 °F) pendant environ 25 minutes.

Crème Chantilly
Avec le fouet électrique, battez la crème liquide jusqu'à la rendre épaisse, puis ajoutez le sucre à glacer petit à petit. Arrêtez de battre la crème dès que sa texture est à votre goût.

Choux Chantilly aux bleuets

Montage

Coupez les choux en deux, dans le sens de la largeur. Gar-
nissez-les de crème Chantilly et de bleuets, puis refermez
avec la seconde partie. Servez frais.

Crêpes aux bleuets (recette en page 72)

Crêpes aux bleuets

Temps de préparation : 5 à 10 minutes

Temps de cuisson : 15 minutes

Ingrédients pour 10 crêpes

- 230 g (8 oz) de farine
- 60 g (2 oz) de sucre
- 250 ml (1 tasse) de lait
- 10 ml (2 c. à thé) de beurre
- 3 œufs
- 65 ml (1/4 de tasse) de bleuets

Préparation

Mélangez la farine, le sucre et les œufs.

Ajoutez le lait progressivement, puis le beurre et les bleuets. Mélangez le tout et laissez reposer.

Faites cuire les crêpes.

Financiers aux bleuets

Temps de préparation : 15 minutes
Temps de cuisson : 20 à 25 minutes

Ingrédients pour 12 financiers

- 30 g (1 oz) de farine à poudre à lever incorporée
- 45 g (1 1/2 oz) de semoule
- 30 g (1 oz) d'amandes en poudre
- 230 ml (7/8 de tasse) de sucre
- 45 g (1 1/2 oz) d'amandes effilées
- 125 ml (1/2 tasse) de beurre
- 100 ml (3/8 de tasse) de bleuets
- 4 blancs d'œufs

Préparation

Préchauffez le four à 180 °C (350 °F).

Passez la farine et la semoule au tamis au-dessus d'un bol.

Ajoutez les amandes en poudre et le sucre, puis mélangez.
Versez les blancs d'œufs légèrement battus, puis battez
jusqu'à obtenir une préparation homogène.

Dans une casserole, faites fondre le beurre jusqu'à ce que des points noirs apparaissent. C'est ce qu'on appelle le «beurre noisette». Versez-le ensuite dans la préparation et mélangez bien le tout.

Versez les bleuets et mélangez grossièrement.

Répartissez le tout dans des caissettes en papier (facultatif) ou directement dans les moules à muffins beurrés.

Mettez les amandes effilées sur les financiers et enfournez le tout. Laissez cuire durant 30 minutes. Vérifiez la cuisson en piquant un financier avec un cure-dent. Si ce dernier ressort propre, la cuisson est à point.

Financiers aux bleuets

Flan aux bleuets

Temps de préparation : 1 heure 30
Temps de cuisson : 50 minutes au total

Ingrédients pour 8 personnes

- 250 ml (1 tasse) de bleuets frais

Pâte feuilletée
- 250 g (9 oz) de farine
- 125 ml (1/2 tasse) d'eau
- 5 ml (1 c. à thé) de sel fin
- 185 g (6 1/2 oz) de beurre

Garniture
- 1 litre (4 tasses) de lait entier
- 180 g (6 1/2 oz) de sucre
- 120 g (4 1/4 oz) de fécule de maïs
- 2 œufs + 1 jaune
- 5 ml (1 c. à thé) d'extrait de vanille

Préparation

Pâte feuilletée
Disposez la farine en fontaine.

Flan aux bleuets

Ajoutez le sel et l'eau, puis avec le bout des doigts, mélangez en incorporant la farine au fur et à mesure, jusqu'à l'obtention d'une pâte homogène. Formez une boule et incisez-la en quatre à son extrémité. Mettez au frais 15 minutes.

Fleurissez (farinez) le plan de travail et déposez-y la détrempe (la pâte).

Avec les mains, appuyez sur les quatre extrémités de la détrempe et abaissez-la avec le rouleau à pâtisserie. La détrempe doit former une croix.

Placez le beurre au centre et refermez les quatre côtés sur la pâte, afin d'envelopper le beurre.

Effectuez votre premier tour. Pour cela, abaissez la pâte dans le sens de la longueur, puis faites-la tourner d'un quart de tour à gauche. Pliez-la en trois. Le rabat de droite en premier, puis celui de gauche. Alignez au besoin les couches de pâte.

Abaissez de nouveau la pâte dans le sens de la longueur. Faites de nouveau pivoter la pâte d'un quart de tour à gauche. Refermez la pâte en trois, toujours le côté droit en premier. Vous venez de faire votre deuxième tour.

Enfoncez vos deux doigts dans la pâte. Ceci vous rappellera que la pâte comporte deux tours. Entourez la pâte de papier fil et réfrigérez 30 minutes.

Une pâte feuilletée comprend six tours. Cela veut dire qu'il vous faudra répéter l'opération qui consiste à abaisser la pâte, la faire pivoter et la plier, et ce, deux fois de suite, une autre fois. Remettez ensuite la pâte au réfrigérateur durant 30 minutes, puis répétez l'opération une dernière fois.

Au total, vous aurez donné six tours à la pâte, par séquence de deux. Après le dernier tour, placez la pâte durant 30 minutes au réfrigérateur.

Étalez ensuite la pâte feuilletée avec le rouleau et placez-la dans un moule profond et rond. Piquez le fond de la pâte avec une fourchette.

Garniture
Préchauffez le four à 180 °C (350 °F).

Prélevez un verre du litre de lait et réservez. À feu doux, faites bouillir le lait restant avec le sucre.

Dans un récipient, mélangez la fécule de maïs, les œufs, l'extrait de vanille et le verre de lait.

Versez le mélange bouillant de lait et de sucre sur la préparation, tout en mélangeant avec un fouet. Versez le tout dans la casserole et faites cuire à feu doux, tout en continuant de fouetter jusqu'à ce que la préparation épaississe. Retirez du feu dès que le mélange bout.

Mettez les bleuets sur la pâte. Ensuite, versez la garniture et mettez au four pendant 35 à 40 minutes. Surveillez attentivement la cuisson du flan. Laissez ensuite refroidir complètement avant de couper.

Macarons aux bleuets

Temps de préparation : 25 minutes
Temps de cuisson : 12 minutes

Ingrédients

Macarons
- 3 blancs d'œufs
- 210 g (7 1/2 oz) de sucre à glacer
- 125 g (4 1/2 oz) de poudre d'amandes
- 30 ml (2 c. à soupe) de sucre
- Colorants alimentaires bleu et rouge

Gelée aux bleuets
- 250 ml (1 tasse) de bleuets
- 25 g de sucre

Préparation

Macarons
Tamisez le sucre à glacer avec la poudre d'amandes.

Montez les blancs en neige ferme. Incorporez une cuillère de sucre dès que le fouet laisse des marques, puis ajoutez le reste du sucre en fouettant à vitesse maximale.

Ajoutez une cuillère à soupe de colorant bleu et une demi-cuillère à soupe de colorant rouge dans les blancs fermes et mélangez bien pour obtenir une couleur homogène.

Incorporez petit à petit les ingrédients secs bien tamisés dans les blancs, puis mélangez à l'aide d'une spatule en silicone. Le mélange doit être lisse et brillant.

Remplissez une poche avec la préparation et dressez des macarons de 2,5 cm (1 po) sur une plaque à pâtisserie recouverte de papier de cuisson. Prenez soin de les espacer et de les disposer en quinconce.

Laissez les macarons « croûter » au moins une vingtaine de minutes à l'air libre. Vous pouvez même les laisser toute une nuit.

Enfournez, puis laissez cuire durant 12 minutes à 150 °C (300 °F).

Gelée aux bleuets
Dans une casserole, faites mijoter les bleuets à feu doux, avec le sucre, pendant au moins 20 minutes. Passez à la passoire pour enlever les morceaux, mélangez bien, puis laissez refroidir.

Macarons aux bleuets

Montage

Lorsque les macarons sont cuits, laissez-les refroidir quelques minutes, puis décollez-les.

Liez les coques de macarons avec une petite quantité de gelée aux bleuets.

Millefeuilles aux bleuets

Temps de préparation : 1 heure 30
Temps de cuisson : environ 30 minutes

Ingrédients

- 500 à 750 ml (2 à 3 tasses) de bleuets frais

Pâte feuilletée
- 250 g (9 oz) de farine
- 125 ml (1/2 tasse) d'eau
- 5 ml (1 c. à thé) de sel fin
- 185 g (6 1/2 oz) de beurre
- Sucre à glacer pour décoration

Crème pâtissière
- 250 ml (1 tasse) de lait
- 2 jaunes d'œufs
- 40 g (un peu plus de 1 oz) de sucre
- 5 ml (1 c. à thé) d'extrait de vanille
- 15 g (1/2 oz) de farine
- 15 g (1/2 oz) de fécule de maïs

Préparation

Pâte feuilletée
Disposez la farine en fontaine.

Ajoutez le sel et l'eau, puis avec le bout des doigts, mélangez en incorporant la farine au fur et à mesure jusqu'à obtenir une pâte homogène. Formez une boule et incisez-la en quatre à son extrémité. Mettez au frais 15 minutes.

Fleurissez (farinez) le plan de travail et déposez-y la détrempe (la pâte).

Avec les mains, appuyez sur les quatre extrémités de la détrempe et abaissez-la avec le rouleau à pâtisserie. La détrempe doit former une croix.

Placez le beurre au centre et refermez les quatre côtés sur la pâte, afin d'envelopper le beurre.

Effectuez votre premier tour. Pour cela, abaissez la pâte dans le sens de la longueur, puis faites-la tourner d'un quart de tour à gauche. Pliez-la en trois. Le rabat de droite en premier, puis celui de gauche. Alignez au besoin les couches de pâte.

Abaissez de nouveau la pâte dans le sens de la longueur. Faites de nouveau pivoter la pâte d'un quart de tour à gauche. Refermez la pâte en trois, toujours le côté droit en premier. Vous venez de faire votre deuxième tour.

Enfoncez vos deux doigts dans la pâte. Ceci vous rappellera que la pâte comporte deux tours. Entourez la pâte de papier fil et réfrigérez 30 minutes.

Millefeuilles aux bleuets

87

Une pâte feuilletée comprend six tours. Cela veut dire qu'il vous faudra répéter l'opération qui consiste à abaisser la pâte, la faire pivoter et la plier, et ce, deux fois de suite, une autre fois. Remettez ensuite la pâte au réfrigérateur durant 30 minutes, puis répétez encore l'opération une dernière fois.

Au total, vous aurez donné six tours à la pâte, par séquence de deux. Placez la pâte durant 30 minutes au réfrigérateur après le dernier tour.

Étalez la pâte feuilletée sur un plan de travail légèrement fariné. Formez un rectangle de la taille de la plaque à pâtisserie. Découpez la pâte en trois bandes égales.

Mettez un papier à cuisson sur la plaque et déposez les bandes dessus. Celles-ci doivent être espacées de quelques millimètres. Piquez les bandes avec une fourchette. Vous pouvez légèrement les saupoudrer de sucre, afin de leur donner une coloration.

Placez une grille sur vos pâtes pour éviter qu'elles ne gonflent. Mettez au four à 200 °C (400 °F), puis retournez les pâtes au bout de 10 minutes et saupoudrez-les de nouveau de sucre si vous le souhaitez. Remettez-les au four jusqu'à ce que vous obteniez la coloration désirée.

Crème pâtissière

Mettez le lait à chauffer avec l'extrait de vanille. Mélangez les jaunes d'œufs avec le sucre jusqu'à rendre le mélange blanc.

Ajoutez la farine et la fécule de maïs progressivement, puis fouettez le tout jusqu'à ce que la préparation soit lisse.

Versez une bonne partie du lait chaud sur la pâte et fouettez. Reversez ensuite la préparation dans la casserole de lait et portez à ébullition à feu doux, tout en continuant de remuer. Il est important de ne pas cesser de mélanger afin d'éviter que la préparation ne colle au fond de la casserole.

Retirez la crème du feu dès qu'elle épaissit et commence à bouillir.

Versez la crème pâtissière dans un récipient et badigeonnez-la légèrement de beurre pour éviter que des croûtes ne se forment. Recouvrez d'un film plastique et placez le tout au frais.

Montage

À l'aide d'une spatule en plastique, étalez la crème pâtissière sur deux bandes de pâte feuilletée. Ajoutez les bleuets sur les bandes de manière à les recouvrir. Aplatissez légèrement avec la paume de votre main.

Empilez les bandes les unes sur les autres. Saupoudrez la dernière de sucre à glacer.

Festival du bleuet de Dolbeau-Mistassini

Le festival du bleuet de Dolbeau-Mistassini, une municipalité du Saguenay-Lac-Saint-Jean, est le plus vieux festival du bleuet du Québec. Créé en 1960, l'événement se déroule durant cinq jours consécutifs en juillet ou en août.

Le festival réunit environ 60 000 personnes qui participent à diverses activités, dont des dégustations de produits ou de plats composés de bleuets et des spectacles professionnels qui accueillent les grands noms de la scène québécoise. Sur les lieux, on retrouve toujours un restaurant, de même que plusieurs animations et jeux s'adressant aux enfants.

Durant ces cinq jours, les participants viennent fêter le bleuet dans la joie et la bonne humeur.

Brochettes de fruits au sabayon de bleuets et de piments

Temps de préparation : 15 minutes
Temps de cuisson : 5 minutes

Ingrédients pour 4 personnes

Sabayon

- 60 ml (1/4 de tasse) de jus de bleuet
- 150 ml (5/8 de tasse) de crème liquide
- 60 ml (1/4 de tasse) de sucre
- 3 jaunes d'œufs
- 2 pincées de piments chili broyés

Brochettes

- 8 bâtons de brochettes
- Bleuets
- Fraises en morceaux
- Kiwis en morceaux
- Fruits de votre choix

Préparation

Brochettes

Découpez les fruits en morceaux et placez-les sur les brochettes. Alternez chaque morceau de fruits avec un ou deux bleuets.

Sabayon

Mettez le jus de bleuet, les jaunes d'œufs, la crème et le sucre dans une casserole, cuisez à feu doux, puis fouettez jusqu'à ce que le mélange épaississe. Ne laissez pas bouillir.

Ajoutez le piment après avoir éteint le feu, puis mélangez.

Au moment de servir, versez le sabayon chaud sur les brochettes.

Brochettes de fruits au sabayon de bleuets et de piments

97

Versez de l'eau chaude jusqu'au 3/4 des ramequins et placez le tout au four de 30 à 40 minutes à 150 °C (300 °F). Surveillez la cuisson de très près.

Laissez refroidir les crèmes à la sortie du four. Brûlez le dessus avec de la cassonade et un chalumeau avant de déguster.

Panna cotta aux bleuets

Temps de préparation : 10 minutes
Temps de cuisson : 10 minutes au total

Ingrédients pour 3 à 4 portions

Panna cotta
- 190 ml (3/4 de tasse) de crème 35 %
- 1 feuille de gélatine
- 30 ml (2 c. à soupe) de sucre
- 2 gouttes d'extrait de vanille

Garniture aux bleuets
- 250 ml (1 tasse) de bleuets
- 25 ml (5 c. à thé) de sucre

Préparation

Panna cotta
À feu doux, faites fondre la crème, le sucre, la vanille et la gélatine ensemble.

Disposez le mélange dans des ramequins transparents ou des verres à martini, puis placez le tout au réfrigérateur durant une journée.

Salade de crevettes aux bleuets

Temps de préparation : 15 minutes
Temps de cuisson : 5 à 10 minutes

Ingrédients pour 4 portions

- 24 grosses crevettes décortiquées (ou 6 par personne)
- 1 grosse salade
- 125 ml (1/2 tasse) de bleuets frais
- 80 g (3 oz) de noix en morceaux
- 60 g (2 oz) de fromage de votre choix
- Jus de citron
- Huile d'olive
- Sel et poivre

Préparation

Faites griller ou bouillir les crevettes. Mélangez-les avec les noix et le fromage.

Disposez la salade et les bleuets dans les assiettes. Versez-y le mélange de crevettes et assaisonnez le tout de jus de citron, d'huile d'olive, de sel et de poivre.

119

Aiguillettes de canard aux bleuets

Temps de préparation : 10 minutes
Temps de cuisson : 15 minutes

Ingrédients pour 4 portions

- 300 g (10 1/2 oz) d'aiguillettes de canard
- 60 ml (1/4 de tasse) de bleuets
- 30 g (1 oz) de confiture de bleuets
- 120 ml (8 c. à soupe) de vinaigre de framboise
- 30 ml (2 c. à soupe) d'huile d'olive
- 30 ml (2 c. à soupe) de poivre vert en grains
- Mesclun
- Sel et poivre

Préparation

Mélangez le mesclun avec les bleuets et disposez le tout dans des assiettes.

Dans un poêlon, faites dorer à feu moyen les aiguillettes de canard dans l'huile d'olive. Assaisonnez de sel et poivre si vous le souhaitez.

Déglacez avec 5 c. à soupe de vinaigre de framboise, puis ajoutez le poivre vert. Réduisez le feu et laissez cuire environ deux minutes de chaque côté.

À feu moyen, poêlez le camembert de chaque côté avec un peu d'huile d'olive.

Placez ensuite le camembert sur la salade et recouvrez-le de confiture de bleuets. Dégustez aussitôt

Cuisses de canard
sauce au gingembre et aux bleuets

Temps de préparation : 25 minutes
Temps de cuisson : 2 heures au total

Ingrédients pour 4 portions

Viande
- 4 cuisses de canard
- Gros sel

Sauce
- 30 ml (2 c. à soupe) de gingembre frais haché finement
- 125 ml (1/2 tasse) de bleuets congelés
- 3 petites échalotes
- 35 ml (1/8 de tasse) de vinaigre de bleuet
- 300 ml (1 1/4 tasse) de fond de volaille
- Huile d'olive
- Sel et poivre

Roux
- 30 g (1 oz) de beurre
- 30 g (1 oz) de farine

Pomme de terre
- 1 kg (2,2 lb) de pommes de terre à chair bien ferme
- 4 gousses d'ail

- 2 oignons
- 4 tranches de bacon fumé coupé en allumettes
- Sel et poivre

Préparation

Viande

Avec le gros sel, salez les parties sans gras du canard. Mettez les cuisses au réfrigérateur pendant deux heures environ.

Rincez les cuisses et séchez-les ensuite.

Placez les cuisses dans un plat allant au four et faites-les cuire durant 20 minutes à 230 °C (450 °F). Réduisez ensuite la température du four à 150 °C (300 °F) et continuez à faire cuire durant environ 30 minutes. Arrosez régulièrement les cuisses de leur graisse.

Garniture

Coupez les pommes de terre en rondelles. Vous pouvez garder la peau, si les pommes de terre sont parfaitement nettoyées.

Dans une poêle, saisissez les pommes de terre dans la graisse du canard durant 5 minutes à feu fort.

Baissez le feu, puis ajoutez le sel et le poivre. Laissez cuire environ 15 minutes en remuant régulièrement.

Cuisses de canard sauce au gingembre et aux bleuets

Ajoutez le bacon fumé émincé, puis l'ail et les oignons finement coupés. Continuez à faire cuire durant environ 25 minutes.

Sauce

Ciselez (coupez finement) les échalotes. Faites-les revenir une minute avec le gingembre et les bleuets dans un filet d'huile d'olive.

Déglacez la casserole avec le vinaigre de bleuet (il s'agit de verser le vinaigre), puis mouillez le tout avec le fond de volaille. Laissez réduire.

Faites un roux avec le beurre et la farine. Pour cela, faites fondre le beurre et ajoutez la farine. Mélangez.

Épaississez la sauce avec votre roux en l'incorporant entièrement à la sauce avec le fouet. Laissez chauffer.

Nappez les cuisses de sauce.

Filet de flétan sauce hollandaise aux bleuets et sa fondue de poireaux

Temps de préparation : 35 minutes
Temps de cuisson : 30 minutes

Ingrédients pour 4 portions

Poisson
- 8 filets de flétan
- 30 ml (2 c. à soupe) de beurre
- Farine, sel et poivre

Sauce
- 3 jaunes d'œufs
- 115 g (4 oz) de beurre
- 60 ml (4 c. à soupe) de jus de bleuet
- 15 ml (1 c. à soupe) de jus de citron
- Sel et poivre

Garniture
- 1 kg (2,2 lb) de poireaux
- 20 ml (4 c. à thé) de beurre
- 125 ml (1/2 tasse) d'eau
- Sel, poivre

Préparation

Garniture
Épluchez, lavez et émincez les poireaux.

Faites-les suer dans le beurre durant 3 minutes à feu vif, puis mouillez-les avec l'eau. Assaisonnez et recouvrez. Laissez cuire 15 minutes à feu doux.

Ajoutez la crème et continuez à cuire à découvert. Assaisonnez, puis mettez le tout de côté.

Poisson
Passez les filets de chaque côté dans la farine et tapotez-les pour en retirer l'excédent.

Faites chauffer votre poêle à feu moyen avec le beurre. Celui-ci doit se répartir sur toute la surface de la poêle. S'il n'y en a pas assez, rajoutez-en. Déposez les filets et faites-les cuire environ 4 minutes de chaque côté.

Dressage
Placez un lit de poireaux dans le fond d'une assiette et placez-y les filets l'un sur l'autre. Conservez le tout au chaud.

Sauce
Dans un bain-marie, fouettez les jaunes d'œufs rapidement jusqu'à ce qu'ils blanchissent.

Filet de flétan sauce hollandaise aux bleuets et sa fondue de poireaux

Tout en continuant de fouetter vigoureusement, versez très lentement le jus de bleuet, puis tout aussi lentement le beurre.

Lorsque la sauce devient épaisse, éteignez le feu et nappez très vite les poissons de sauce.

Notez que la sauce hollandaise ne se réchauffe pas facilement, car elle risque de retomber et les œufs dont elle est composée risquent de cuire. Il faut donc la servir tout de suite après l'avoir préparée.

Médaillons de porc
à la sauce aux bleuets

Temps de préparation : 15 minutes
Temps de cuisson : 30 minutes

Ingrédients pour 2 portions

Viande
- 480 g de filet de porc
- 1 gousse d'ail
- Huile d'olive
- 5 ml (1 c. à thé) de beurre
- Sel et poivre

Sauce
- 1 gousse d'ail
- 1 échalote française
- 10 ml (2 c. à thé) de vinaigre de bleuet
- 15 ml (1 c. à soupe) de confiture de bleuets ou de gelée de bleuets
- 125 ml (1/2 tasse) de vin rouge
- 30 ml (2 c. à soupe) de bleuets
- 10 ml (2 c. à thé) de beurre
- 3 pincées d'origan en poudre
- Sel et poivre

Préparation

Viande
Badigeonnez le filet de porc d'ail, de beurre, de sel et de poivre.

Faites-le revenir sur le feu avec un peu d'huile d'olive. Versez de l'eau et finissez la cuisson au four à 230 °C (450 °F) durant environ 20 minutes ou jusqu'à ce que vous le jugiez prêt. Arrosez régulièrement le filet durant sa cuisson.

Sauce
Faites suer l'ail et l'échalote dans un poêlon. Déglacez avec le vinaigre de bleuet, puis mouillez le tout avec le vin rouge. Ajoutez les bleuets et l'origan, puis faites réduire de moitié.

Versez le jus de cuisson du porc dans la sauce ainsi que la confiture ou la gelée de bleuets. Faites à nouveau réduire.

Ajoutez le beurre à la sauce et mélangez avec un fouet pour que le beurre fonde. La sauce deviendra brillante.

Assaisonnez-la avec du sel et du poivre si vous le désirez.

Tranchez finement le filet de porc et nappez les morceaux de sauce. Le plat s'accompagne très bien de haricots verts à l'ail.

Médaillons de porc à la sauce aux bleuets

Viande

Tartinez les 4 escalopes de tapenade aux bleuets, puis roulez les escalopes sur elles-mêmes.

Entourez la viande d'une tranche de bacon. Avec la ficelle alimentaire, maintenez les morceaux de viande ensemble.

Poêlez les paupiettes dans l'huile d'olive après les avoir badigeonnées de tapenade.

Ragoût de lapin aux pruneaux et aux bleuets

Temps de préparation : 25 minutes

Temps de cuisson : 1 heure

Ingrédients pour 5 à 6 personnes

- 1 lapin
- 15 ml (1 c. à soupe) de beurre
- 200 g (7 oz) de lard fumé
- 150 g (5 1/2 oz) de pruneaux dénoyautés
- 150 ml (5/8 de tasse) de bleuets
- 30 ml (2 c. à soupe) de gelée de bleuets
- 1 litre (4 tasses) de bière
- 500 ml (2 tasses) de bouillon de volaille
- 15 petits oignons
- 3 carottes
- Sel et poivre

Roux
- 30 g (1 oz) de farine
- 30 g (1 oz) de beurre

Préparation

Faites gonfler les pruneaux dans de l'eau tiède pendant environ 2 heures.

Découpez le lapin en morceaux.

Mettez le lard dans l'eau bouillante durant 3 minutes afin qu'il blanchisse, puis coupez-le en lardons après l'avoir égoutté.

Faites revenir le lard à feu moyen avec le beurre, puis mettez le tout de côté.

Faites dorer les morceaux de lapin dans la graisse du porc durant 5 minutes. Ajoutez les carottes et les oignons coupés en morceaux, ainsi que les lardons.

Mouillez le tout avec la bière et le bouillon de volaille, puis salez et poivrez à votre convenance.

Mettez un couvercle et laissez cuire à feu doux pendant 30 minutes.

Ajoutez les pruneaux égouttés et les bleuets, puis remettez le tout à cuire pendant 30 minutes.

Faites un roux avec la farine et le beurre. Pour cela, faites fondre le beurre et mélangez-le avec la farine hors du feu. Quelques minutes avant la fin de la cuisson, diluez le roux petit à petit dans la sauce du lapin en mélangeant bien. Ceci permettra d'épaissir la sauce.

Ajoutez la gelée de bleuets quelques minutes avant de servir.

Ragoût de lapin aux pruneaux et aux bleuets

153

Le bleuet est un petit fruit fragile et il faut être vigilant lors de son achat. La plupart des bleuets sont récoltés dans les champs et peuvent être ratatinés. Au Québec, la récolte a lieu vers la fin du mois d'août. Si vous voulez consommer un bleuet local, c'est à ce moment-là qu'il faut l'acheter.

À l'achat, les bleuets doivent être fermes, charnus, secs, lisses et ronds. Ils doivent aussi présenter un aspect givré, c'est-à-dire qu'ils doivent être légèrement couverts d'une pruine blanchâtre, et ne doivent comporter ni feuille, ni tige. Lorsqu'ils sont frais, les bleuets affichent une couleur qui varie entre le bleu pourpre et le bleu noir. Si un bleuet est mou au toucher, c'est probablement parce qu'il a été cueilli depuis bien longtemps... Cependant, si le bleuet a été transporté dans de mauvaises conditions, il peut prendre l'humidité et devenir collant. Les taches blanches sur le fruit signifient qu'il n'est pas encore tout à fait mûr. Du reste, vous pouvez les acheter et les laisser mûrir chez vous.

Contrairement à d'autres petits fruits, les bleuets se conservent bien. Ils peuvent facilement être gardés une dizaine de jours au réfrigérateur, non sans perdre en saveur au fil des jours. Ne lavez surtout pas les bleuets avant de les stocker au réfrigérateur, car cela risquerait de les endommager. N'oubliez pas de retirer tout bleuet abîmé du lot, afin d'éviter que la pourriture se propage.

Il est possible de congeler les bleuets après les avoir lavés et asséchés. Triez-les pour ne conserver que les plus beaux. Au congélateur, ils se garderont plusieurs mois, mais il n'est pas garanti que leur goût perdurera tout ce temps. On peut aussi se procurer des bleuets congelés à l'épicerie. Choisissez les paquets où les bleuets bougent librement dans l'emballage et évitez ceux dans lesquels les bleuets se retrouvent agglutinés.

Les bleuets peuvent également être mis en conserve ou bien séchés. Il est à noter que le bleuet séché est utilisé en pâtisserie pour les biscuits et muffins, par exemple.

Avant de les manger, il est nécessaire de rincer abondamment les bleuets à l'eau claire, car certains cultivateurs ont recours à des pesticides pour lutter contre les parasites.

Le saviez-vous ?

- Il est possible de faire sécher les bleuets au soleil, au four ou encore dans un déshydrateur.

Cocktail Shogun

Temps de préparation : 5 minutes

Temps de cuisson : aucun

Ingrédients pour 1 cocktail

- 30 ml (2 c. à soupe) de jus de mangue
- 15 ml (1 c. à soupe) de Grand Marnier ou de Cointreau
- 15 ml (1 c. à soupe) de liqueur de bleuet
- 15 ml (1 c. à soupe) d'armagnac
- Champagne ou vin mousseux

Préparation

Versez le jus de mangue, le Grand Marnier, la liqueur de bleuet et l'armagnac dans un verre *shaker*. Remuez le tout avec de la glace. Versez ensuite dans un verre, puis ajoutez le champagne ou le vin mousseux.

Cocktail Shogun

Lait frappé à la banane
et aux bleuets

Temps de préparation : 5 minutes

Temps de cuisson : aucun

Ingrédients pour 1 lait frappé

- 160 ml (5/8 de tasse) de crème glacée
- 160 ml (2/3 de tasse) de lait
- 1/2 banane
- 125 ml (1/2 tasse) de bleuets

Préparation

Mettez tous les ingrédients dans un mélangeur, puis liquéfiez-les. Servez frais.

*Lait frappé à la banane
et aux bleuets*

Sangria aux bleuets

Temps de préparation : 10 minutes

Temps de cuisson : aucun

Ingrédients pour 1 litre

- 1 bouteille de vin rouge
- 85 ml (1/3 de tasse) de porto rouge
- 85 ml (1/3 de tasse) de Grand Marnier
- 85 ml (1/3 de tasse) de brandy
- 85 ml (1/3 de tasse) de jus de bleuet
- 250 ml (1 tasse) de bleuets
- 1 orange pressée
- 1 citron pressé
- Fruits de saison

Préparation

Lavez les fruits et coupez-les. Mélangez tous les ingrédients ensemble. Réfrigérez avant de consommer.

Sangria aux bleuets

Smootie au soja et aux bleuets

Temps de préparation : 5 minutes

Temps de cuisson : aucun

Ingrédients pour 2 smoothies

- 250 ml (1 tasse) de lait de soja vanille
- 125 ml (1/2 tasse) de jus de bleuet
- 250 ml (1 tasse) de bleuets frais ou congelés
- 2 glaçons

Préparation

Lavez les bleuets. Ensuite, mettez tous les ingrédients dans le mélangeur et réduisez le tout en purée. Servez frais.

Smoothie *au soja*
et aux bleuets

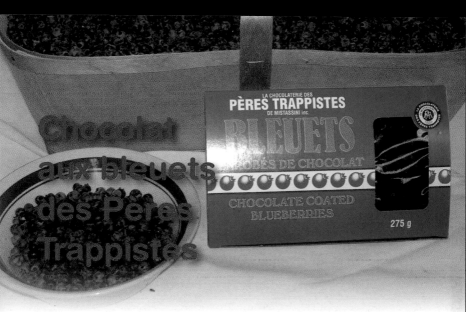

Le chocolat aux bleuets, ou plutôt les bleuets au chocolat des Pères Trappistes, ont une réputation qui
n'est plus à faire. Fabriqué depuis 1968, le chocolat
provient du monastère Notre-Dame de Mistassini, qui est
situé au nord-ouest du Lac-Saint-Jean.

Les bleuets sont trempés dans le chocolat fondu, puis
sont rapidement mis en boîte. La commercialisation se fait
ensuite très vite, puisque les bleuets, qui sont frais au dé-
part, s'altéreront au bout d'une semaine. C'est d'ailleurs
cette fraîcheur qui fait tout le charme de cette savoureuse
gâterie, car les bleuets sont récoltés à la main, puis immé-
diatement transformés. En bouche, on retrouve la douceur
du bleuet sous le croquant du chocolat.

Le chocolat aux bleuets des Pères Trappistes est préparé
lors de la récolte des bleuets, c'est-à-dire au mois d'août.
Il est vendu à la chocolaterie des Pères Trappistes, mais

aussi dans plusieurs commerces à travers le Québec. Chez certains détaillants, il est nécessaire de commander les chocolats plusieurs semaines à l'avance, tellement la demande est forte. Alors, n'oubliez pas de réserver votre boîte !

ACCOMPAGNEMENTS

Bleuets au chocolat

Temps de préparation : 20 minutes
Temps de cuisson : 15 minutes

Ingrédients

- 250 ml (1 tasse) de bleuets
- 400 g (14 oz) de chocolat

Préparation

Faites fondre entièrement le chocolat à feu doux à l'aide d'un bain-marie.

Versez les bleuets et mélangez délicatement afin de les recouvrir de chocolat.

Sur un papier à cuisson, disposez des petits tas à l'aide d'une cuillère à soupe.

Laissez refroidir à l'air libre.

Bleuets au chocolat

Confiture d'oignons aux bleuets

Temps de préparation : 10 minutes
Temps de cuisson : environ 20 minutes

Ingrédients pour 3 à 4 portions

- 15 ml (1 c. à soupe) de beurre
- 1 gros oignon rouge
- 250 ml (1 tasse) de bleuets frais ou congelés
- 125 ml (1/2 tasse) de sucre
- 125 ml (1/2 tasse) de vin blanc
- Sel et poivre

Préparation

Dans une casserole, faites fondre le beurre à feu doux.

Ajoutez l'oignon émincé finement, puis les bleuets. Cuisez le tout pendant 5 minutes.

Déglacez ensuite avec le vin blanc et laissez réduire de moitié.

Ajoutez enfin le sucre, et faites cuire à feu doux jusqu'à ce que la préparation prenne la consistance d'une confiture.

Confiture d'oignons aux bleuets

Confiture de bleuets

Temps de préparation : 15 minutes
Temps de cuisson : environ 10 minutes

Ingrédients

- 1 kg (2,2 lb) de bleuets frais et mûrs
- 15 ml (1 c. à soupe) de jus de citron
- 1,250 ml (5 tasses) de sucre
- 125 ml (1/2 tasse) d'eau
- 1 boîte de pectine en poudre (57 g)

Préparation

Lavez les bleuets, égouttez-les et mettez-les dans une casserole à feu doux.

Broyez-les à l'aide d'un pilon, puis mélangez le tout.

Ajoutez la pectine, l'eau et le jus de citron à la préparation. Sans arrêter de mélanger, portez le mélange à ébullition, puis laissez bouillir 1 minute.

Baissez le feu de manière à laisser la préparation cuire à feu doux, puis ajoutez le sucre. Mélangez bien, et augmentez le feu de manière à ce que le mélange bouille, puis retirez-le du feu. Écumez au besoin. Verser le tout dans un bol pour laisser refroidir.

Si vous souhaitez conserver votre confiture longtemps, versez-la dans des pots à confiture en suivant les principes de la mise en conserve.

Confiture de bleuets

Bibliographie

Livres

Larouche, Éva, *Petits fruits du Québec*, Chicoutimi, JCL, 2005

Laureau, Michel J. et Luc Urbain, *La culture du bleuet en corymbe*, Québec, CRAAQ, 2008

Collectif, *La mini-encyclopédie des aliments*, Montréal, Québec Amérique, 2008

Sites Internet

BON BLEUET. (Page consultée le 14 mars 2009) Cultivez le goût du bleuet, [En ligne]
Adresse URL : http://www.bonbleuet.ca/

FESTIVAL DU BLEUET DE DOLBEAU-MISTASSINI. (Page consultée le 17 mars 2009) Le bleuet sauvage, [En ligne]
Adresse URL : http://www.festivaldubleuet.qc.ca/

GOUVERNEMENT DE LA NOUVELLE-ÉCOSSE. (Page consultée le 17 mars 2009) Le bleuet sauvage, [En ligne]

Adresse URL : http://www.gov.ns.ca/playground/french/frBlueberry.asp

GOUVERNEMENT DU NOUVEAU-BRUNSWICK. (Page consultée le 15 mars 2009) Bleuets : Aperçu sur l'industrie, [En ligne]
Adresse URL : http://74.125.47.132/search?q=cache:fot652aFRfUJ:www.gnb.ca/0171/10/0171100002-f.asp+pesticides+bleuets&hl=fr&ct=clnk&cd=10&gl=ca&client=firefox-a

LAREAULT, Luc. (Page consultée le 17 mars 2009) Bleuetiers en corymbe, [En ligne]
Adresse URL : http://www.lareault.com/bleuetiers.html

MONASTÈRE NOTRE-DAME DE MISTASSINI. (Page consultée le 17 mars 2009) Le bleuet sauvage, [En ligne]
Adresse URL : http://www.monasteremistassini.org/

PASSEPORT SANTÉ. (Page consultée le 11 mars 2009) Bleuet, [En ligne]
Adresse URL : http://www.passeportsante.net/fr/Solutions/HerbierMedicinal/Plante.aspx?doc=bleuet_hm

RECETTES DU QUÉBEC. (Page consultée le 11 mars 2009) Le bleuet, [En ligne]
Adresse URL : http://www.recettes.qc.ca/chroniques/chronique.php?id=7

VAN DYK WILD BLUEBERRY JUICE. (Page consultée le 22 mars 2009) *L'antioxydant optimal. Le plus bleuet des bleuets*, [En ligne]
Adresse URL : http://www.vandykblueberries.ca/index.html

VIVEZ SANTÉ. (Page consultée le 20 mars 2009) *L'antioxydant optimal. Le plus bleuet des bleuets*, [En ligne]
Adresse URL : http://www.vivez-sante.com/index.php?name=News&file=article&sid=77&theme=Printer

Table des matières